Einführung

Neue Wege zur Kalligraphie Übungsheft

Dieses Übungsheft zur Kalligraphie ist als Ergänzung zu dem Buch „Neue Wege zur Kalligraphie" (TOPP 6056) konzipiert. Die Übungen sind auf die angesprochenen Anleitungen im Buch abgestimmt und werden deshalb nur kurz eingeführt. Sie sind als Zusatzangebot zu verstehen und können das Buch nicht ersetzen. Hinweise zu den benötigten Materialien und zur Schreibvorbereitung finden Sie ebenfalls im Buch.

Um das Erlernte sowohl vertiefen als auch anwenden zu können, empfiehlt es sich, alle Übungen natürlich auch auf separaten Blättern durchzuführen. Dieses Angebot finden Sie hier auf den vorbereiteten Bögen. Dabei ist der vorgeschriebene Teil immer nur so lang, dass die Übung zu verstehen ist. Der Rest bis zum Zeilenende ist Ihr Part. **Betrachten Sie die immer wieder notwendig werdende Linierarbeit als kontemplativen Teil des Schreibprozesses.**

Gönnen Sie sich zwischendurch etwas Bewegung und achten Sie darauf, dass Sie nach den einzelnen Übungen Schulter, Arm und Hand immer wieder ausschütteln und locker machen.

Für die Arbeit benötigen Sie etwas Lust und Zeit, einen Bleistift der Härte 2B, Federhalter und Bandzugfedern mit 1 ½ mm und 2 ½ mm Breite, Tinte oder Aquarell- bzw. Gouachefarbe sowie zusätzliches Papier.

Der senkrechte Strich mit dem Bleistift

Diese Übungen bereiten Sie auf das Schreiben mit der Feder vor. Die Höhe entspricht einer normalen Schrifthöhe. Auf Ihren Zusatzblättern können Sie die Striche auch länger machen; empfehlenswert sind Längen von einem, zwei oder drei Zentimetern. Ziel ist es, die passenden Abstände und den richtigen Druck zu finden. Entscheiden Sie selbst, ob Sie die Linierung jeweils verlängern.

Üben Sie zuerst senkrechte Striche mit gleichmäßigem Druck.

Suchen Sie den oben gezeigten Zeilenabstand hier selbst.

Verfahren Sie wie oben, beginnen Sie jedoch den Strich mit Druck – lassen Sie zur Mitte des Striches nach und bauen Sie den Druck zum Strichende hin wieder auf. Achten Sie dabei auf einen gleichmäßigen Druckauf- und -abbau.

Es empfiehlt sich, diese Übungen auf separaten Blättern weiterzuführen.

Der senkrechte Strich mit dem Bleistift

Druckwechsel üben

Wiederholen Sie noch einmal die letzte Druck-Übung der vorhergehenden Seite.

Beginnen Sie jetzt umgekehrt ohne Druck, bauen Sie ihn zur Mitte hin auf und beenden Sie den Strich ohne Druck.

Machen Sie nun die Übung im Wechsel: einmal den Strich ohne Druck beginnen und mit Druck enden, das nächste Mal den Strich mit Druck beginnen und ohne Druck enden.

Es empfiehlt sich, diese Übungen auf separaten Blättern weiterzuführen.

Abstände gezielt verändern

So soll Ihre fertige Übung aussehen. Führen Sie die Übung ohne Druckwechsel aus, konzentrieren Sie sich auf die Abstände.

Nutzen Sie diese Zeilen, um die obere Übung nachzuarbeiten oder verwenden Sie ein separates Blatt.

Dieselbe Übung wie oben. Schreiben Sie die Striche jedoch ohne Zeilenlinien. Versuchen Sie waagerecht zu bleiben, den richtigen Zeilenabstand einzuschätzen und den Abstand zwischen den Strichen zu beachten.

Es empfiehlt sich, diese Übungen auf separaten Blättern weiterzuführen.

Der senkrechte Strich mit dem Bleistift

Waagerechte Striche

Die erste Übung führen Sie ohne Druckwechsel aus.

Dieselbe Übung wie oben, diesmal mit Druckwechsel.

Als dritte Übung schreiben Sie abwechselnd waagerechte und senkrechte Striche mit Druckwechsel in die Zeile.

Es empfiehlt sich, diese Übungen auf separaten Blättern weiterzuführen.

Striche verbinden

Die Verbindungsdiagonale wird jeweils ohne Druck ausgeführt.

Verbinden Sie die Striche mit einer leichten Arkadenform (Arkadenverbindung).

Verbinden Sie die Striche mit einer Girlandenform (Girlandenverbindung).

Es empfiehlt sich, diese Übungen auf separaten Blättern weiterzuführen.

Der senkrechte Strich mit dem Bleistift

Diagonale Striche mit Druckwechsel

Üben Sie die Bergdiagonale. Das ist eine Diagonale, die in Zeilenrichtung nach oben führt.

Schreiben Sie auf dieselbe Weise die Gegendiagonale bzw. Taldiagonale, eine Diagonale, die in Zeilenrichtung nach unten führt.

Üben Sie gemischte Diagonalstriche.

Es empfiehlt sich, diese Übungen auf separaten Blättern weiterzuführen.

Alle geraden Stricharten mischen

Schreiben Sie alle geraden Stricharten. Lassen Sie den Druck außer Acht.

Schreiben Sie alle geraden Stricharten, ohne den Bleistift abzusetzen. Lassen Sie den Druck außer Acht.

Schreiben Sie alle geraden Stricharten. Achten Sie diesmal jedoch auf den Druck: Druck – Druck nachlassen – Druck.

Bei der Übung gleichmäßig und ruhig atmen. Schreibanfänger neigen dazu, das Schreibgerät zu verkrampft festzuhalten. Entspannen Sie die Hand nach zwei Zeilen, indem Sie sie mehrfach zur Faust schließen und wieder ganz öffnen. Danach mit hängenden Schultern die Hände ausschütteln.

Es empfiehlt sich, diese Übungen auf separaten Blättern weiterzuführen.

Der senkrechte Strich mit dem Bleistift

Freie Übung

Abschließend eine freie Strichübung in Zeilen und mit freier Druckgebung. Versuchen Sie, wie in den ersten Zeilen gezeigt, die Druckzonen wechselnd zu variieren. Die Zeilen sind durchgezogen, konzentrieren Sie sich auf den Druckwechsel.

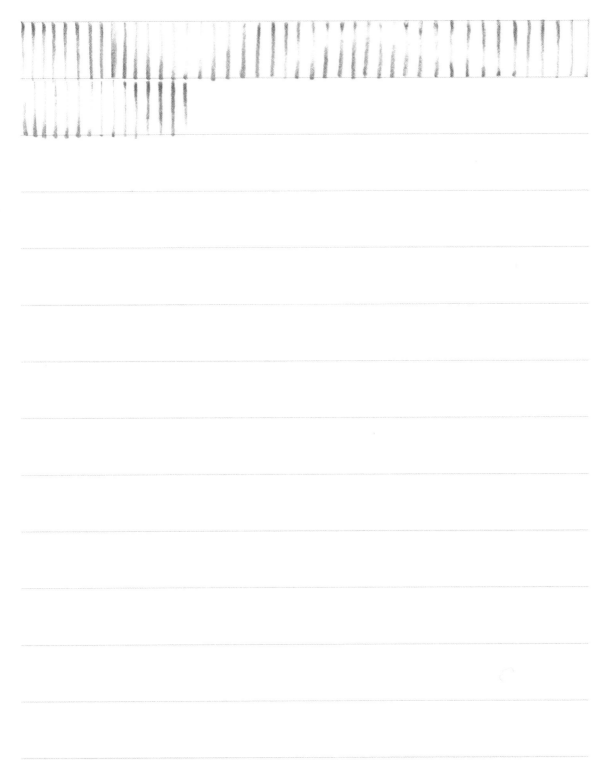

Es empfiehlt sich, diese Übungen auf separaten Blättern weiterzuführen.

Die Feder kennen lernen

Mit den vorhergehenden Druckübungen können Sie nun direkt auf die Feder wechseln. Die hier gezeigten Beispiele sind mit der 1 ½ mm breiten Bandzugfeder entstanden. Üben Sie wie mit dem Bleistift zuerst den senkrechten Strich. Setzen Sie dabei die Feder mit etwa 30 Grad Federansatz auf das Papier (siehe Hilfslinie). Bereiten Sie die Feder vor wie im Buch beschrieben.

Achten Sie auf einen vollständigen Ansatz der Federkante und entscheiden Sie wie bei den Bleistiftübungen, ob Sie die vorgegebenen Linien über das ganze Blatt verlängern möchten.

Die Federbreite

Die Schrifthöhe wird oft in Federbreiten angegeben. Dabei werden nicht Herstellerangaben und Millimeter verglichen, sondern der reale Strich, den die Feder erzeugt. Hier sehen Sie die Quadrate einer 1 ½-mm-Feder.

Setzen Sie hier die Feder auf, die Sie gerade benutzen. Die Federkante steht für diese Vorbereitung parallel zur Senkrechten und wird dann nach rechts gezogen, dabei entstehen kleine Quadrate, die Sie aneinanderreihen.

Es empfiehlt sich, diese Übungen auf separaten Blättern weiterzuführen.

Die Feder kennen lernen

Ein Rhythmusgefühl für Abstände entwickeln

Arbeiten Sie in den freien Zeilen die darüberstehende Übung nach und führen Sie diese auch auf einem separaten Blatt aus.

Es empfiehlt sich, diese Übungen auf separaten Blättern weiterzuführen.

Horizontale und diagonale Striche
Schreiben Sie alle geraden Striche. Beginnen Sie unverbunden und üben Sie zum Schluss, ohne die Feder abzusetzen.

Es empfiehlt sich, diese Übungen auf separaten Blättern weiterzuführen.

Die Feder kennen lernen

Neigung und Verbindung

Schreiben Sie zunächst einfache Bandzugstriche mit einer Neigung von etwa acht Grad. Verbinden Sie diese Striche im nächsten Schritt mit einfachen Strichen.
Gestalten Sie die Verbindung in der dritten Übung in Form einer Arkade, anschließend in Form einer Girlande.
Wechseln Sie beide Verbindungsarten zum Schluss ab.

Es empfiehlt sich, diese Übungen auf separaten Blättern weiterzuführen.

Rhythmisierung

Versehen Sie nun den verbundenen Bandzugstrich mit Abständen. Das heißt, Sie rhythmisieren den Strich.

Es empfiehlt sich, diese Übungen auf separaten Blättern weiterzuführen.

Die Kleinbuchstaben

Füllen Sie die Zeilen und entscheiden Sie wie immer, ob Sie die Zeilenlinien verlängern möchten.
Nun schreiben Sie Ihr erstes Wort: minimum. Wählen Sie den Abstand zwischen den Buchstaben in der ersten Übung normal, dann weit und anschließend eng.

Beginnen Sie in dieser Übung mit weiten Abständen und wählen Sie mit jeder Zeile einen engeren Abstand. Diese Übung sollten Sie auch auf einem separaten Blatt durchführen und umkehren – von eng nach weit.

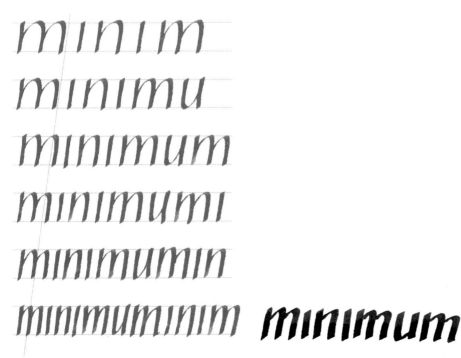

Füllen Sie die Zeilen und entscheiden Sie wie immer, ob Sie die Linien verlängern möchten.

Es empfiehlt sich, diese Übungen auf separaten Blättern weiterzuführen.

Die Kleinbuchstaben a, o und n

Schreiben Sie die drei Kleinbuchstaben mehrmals nebeneinander in die Zeile, damit Sie ein sicheres Gefühl für die Form bekommen.

Aus dem a lassen sich die Buchstaben d, g und q ableiten, aus dem o entstehen c und e. Aus dem n ergeben sich h, m und r.

Es empfiehlt sich, diese Übungen auf separaten Blättern weiterzuführen.

Die Kleinbuchstaben

Ober- und Unterlängen bei Kleinbuchstaben

Die Größe der Ober- bzw. Unterlängen bei den kleinen Buchstaben beträgt etwa zwei Federbreiten für die Grundversion – gestische und geschwungene Ausführungen können deutlich mehr Federbreiten erhalten.

abcdefghijklmn

opqrstuvwxyz

Schreiben Sie zunächst die Kleinbuchstaben mit Oberlängen in die Zeile, anschließend üben Sie die Kleinbuchstaben mit Unterlänge.

Es empfiehlt sich, diese Übungen auf separaten Blättern weiterzuführen.

Alle Kleinbuchstaben üben

Um sämtliche Kleinbuchstaben zu üben, eignen sich so genannte Pangramme. Das sind Sätze, die alle Buchstaben des Alphabets einer Sprache beinhalten. Pangramme haben den Vorteil, dass Sie alle Buchstaben bereits in einer Wortreihe schreiben können, statt sie relativ eintönig als abc zu üben. Pangramme gibt es in vielen Sprachen, deutsche Versionen lauten z. B. zwölf boxkämpfer jagen viktor quer über den großen sylter deich oder typisch katze: quält wieder zum jux süße vögel auf dem balkon.
Möchten Sie das Alphabet schreiben, dann üben Sie die Buchstaben mit einem n als Verbindungsbuchstaben in einer Reihe.

the quick brown fox jumps over a lazy dog · the quick

anbncndnenfngnhninj

Es empfiehlt sich, diese Übungen auf separaten Blättern weiterzuführen.

Geschwungene Varianten

Im nächsten Schritt üben Sie die Kleinbuchstaben im Grundmodell der Humanistischen Kursive, jedoch mit Serifen und geschwungenen Ober- bzw. Unterlängen zu schreiben.

abcdefghijklmng
opqrstuvwxyzy

the quick brown fox jumps over
a lazy dog

anbncndnenfngnhninjnk

Es empfiehlt sich, diese Übungen auf separaten Blättern weiterzuführen.

Die Großbuchstaben und ihre Breitenverhältnisse

Die Großbuchstaben orientieren sich an einer geometrischen Basis. Das heißt, sie haben unterschiedliche Breiten, je nachdem, ob sie schmallaufend oder normallaufend sind, aber immer die gleiche Höhe.

Tragen Sie auf der folgenden Seite die großen Buchstaben in die Felder ein, wie auf dieser Seite gezeigt. Der Buchstabe O ist hier ein Kreis. I und J sind mit ihrer reinen Strichbreite in diesem Zusammenhang unerheblich.

Basis O als **Kreis**
wird als **normallaufend** bezeichnet

Buchstaben mit der halben Breite des O

Buchstaben mit 2/3 Breite des O

Buchstaben mit 3/4 Breite des O

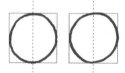

Buchstaben mit Breite des O

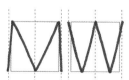

Buchstaben, die etwas breiter sind als O

Es empfiehlt sich, diese Übungen auf separaten Blättern weiterzuführen.

Die Großbuchstaben

Normallaufende Großbuchstaben

Für diese Übung benötigen Sie eine 2 ½-mm-Bandzugfeder. Tragen Sie in die Rasterfelder die Großbuchstaben in den richtigen Breiten ein, wie es auf der gegenüberliegenden Seite zu sehen ist.

Wenn Sie möchten, können Sie auch mit dem Bleistift arbeiten.

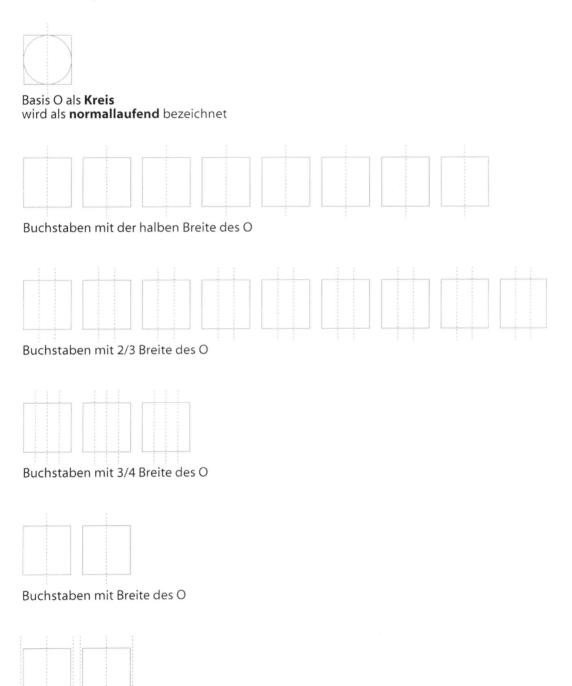

Basis O als **Kreis**
wird als **normallaufend** bezeichnet

Buchstaben mit der halben Breite des O

Buchstaben mit 2/3 Breite des O

Buchstaben mit 3/4 Breite des O

Buchstaben mit Breite des O

Buchstaben, die etwas breiter sind als O

Es empfiehlt sich, diese Übungen auf separaten Blättern weiterzuführen.

Das Oval als Basis der Großbuchstaben

Tragen Sie auf der folgenden Seite die großen Buchstaben in die Felder ein, wie auf dieser Seite gezeigt. Der Buchstabe O ist hier ein stehendes Oval. I und J sind mit ihrer reinen Strichbreite in diesem Zusammenhang unerheblich.

Basis O als **stehendes Oval** wird als **schmallaufend** bezeichnet

Buchstaben mit der halben Breite des O

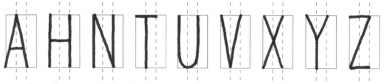

Buchstaben mit 2/3 Breite des O

Buchstaben mit 3/4 Breite des O

Buchstaben mit Breite des O

Buchstaben, die etwas breiter sind als O

Es empfiehlt sich, diese Übungen auf separaten Blättern weiterzuführen.

Die Großbuchstaben

Schmallaufende Großbuchstaben

Verwenden Sie für diese Übung ebenfalls eine 2 ½-mm-Bandzugfeder oder alternativ einen Bleistift. Tragen Sie in die Rasterfelder die Großbuchstaben in den richtigen Breiten ein, wie es auf der gegenüberliegenden Seite zu sehen ist.

Basis O als **stehendes Oval** wird als **schmallaufend** bezeichnet

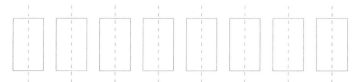

Buchstaben mit der halben Breite des O

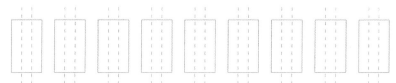

Buchstaben mit 2/3 Breite des O

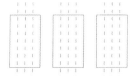

Buchstaben mit 3/4 Breite des O

Buchstaben mit Breite des O

Buchstaben, die etwas breiter sind als O

Es empfiehlt sich, diese Übungen auf separaten Blättern weiterzuführen.

Alle Großbuchstaben

ABCDEFGHIJKLMN
OPQRSTUVWXYYZ

Hier sehen Sie die Großbuchstaben, auch Versalien genannt, in der schmucklosen Normalausführung der Humanistischen Kursive.

Namen schreiben

Mit dem Gefühl für die richtigen Proportionen der Großbuchstaben können Sie jetzt beispielsweise Namen schreiben, die dem Alphabet nach sortiert sind:

Alexander, Angelika, Bernhard, Brigitte, Christoph, Claudia, Dietrich, Daniela, Eduard, Elisabeth, Ferdinand, Franziska, Georg, Gabriele, Heinrich, Hannelore, Immanuel, Isolde, Jakob, Josefine, Konrad, Klara, Ludwig, Lilith, Martin, Margarete, Nicole, Norbert, Oliver, Ophelia, Philipp, Petra, Raphael, Rosalinde, Siegfried, Stephanie, Thomas, Tabea, Urban, Ulrike, Valentin, Veronika, Wilhelm, Waltraud, Xaver, Xenia, Yannick, Yvonne, Zacharias, Zita.

Damit üben Sie alle großen Buchstaben im Wortbild. Da der Platz hier nicht für alle Namen ausreicht, linieren Sie sich eigene Blätter oder drucken Sie geeignete Linierungen aus dem Bonusmaterial der DVD aus, die dem Buch beiliegt.

Alexander

Elisabeth

Ludwig

Es empfiehlt sich, diese Übungen auf separaten Blättern weiterzuführen.

Geschwungene Varianten

ABCDEFGHIJ
KLMNOPQR
STUVWXYZ

Die Versalien in der geschwungenen Ausführung.

Heilpflanzen und Kräuter

Haben Sie Lust, sich an den geschwungenen Ausführungen der Großbuchstaben zu versuchen? Stellen Sie sich einfach vor, Sie würden Schilder für einen Heilpflanzen- oder Kräutergarten anfertigen, in dem diese Pflanzen wachsen:
Arnika, Baldrian, Currykraut, Dill, Estragon, Fenchel, Gänsefingerkraut, Huflattich, Immergrün, Johanniskraut, Koriander, Lavendel, Majoran, Nelkenwurz, Oregano, Portulak, Quecke, Ringelblume, Rosmarin, Salbei, Thymian, Uzara (südafrik. Staude), Vogelmiere, Waldmeister, Xanthium (Spitzklette), Ysop, Zinnkraut.

Arnika

Estragon

Koriander

Es empfiehlt sich, diese Übungen auf separaten Blättern weiterzuführen.

Kalligraphie

Majoran

Oregano

Portulak

Salbei

Thymian

Es empfiehlt sich, diese Übungen auf separaten Blättern weiterzuführen.

Beliebte Wörter und Wünsche
Die folgenden Wörter und Glückwünsche werden Sie im Jahresverlauf immer wieder benötigen.

Urkunde

Gutschein

Herzlichen

Glückwunsch

Frohe Weihnachten

Frohe Festtage

Alles Gute

Es empfiehlt sich, diese Übungen auf separaten Blättern weiterzuführen.

Nachschreibebilder

Auf den folgenden vier Seiten finden Sie so genannte Nachschreibebilder. Füllen Sie die 1 ½-mm- und 2 ½-mm-Bandzugfeder mit einer deckenden Farbe (Aquarell- oder Gouachefarbe) und folgen Sie einfach der weißen Schriftkontur. Auf diese Weise können Sie der Federführung des Kalligraphen nachspüren.

KONFUZIUS

Sage es mir,
und ich vergesse es.
zeige es mir,
und ich erinnere mich.
lass es mich tun,
und ich behalte es.

Nachschreibebilder

Freundlichkeit
ist eine Sprache
die Taube hören
und Blinde sehen.

IRISCHES SPRICHWORT

> *Man kann das Leben nur rückwärts verstehen – leben muss man vorwärts*
>
> Søren Kierkegaard

Nenne dich nicht arm, weil deine
Träume nicht in Erfüllung gehen.
Wirklich arm ist nur,
der nie geträumt.

MARIE V. EBNER-ESCHENBACH

Andreas Lux, geboren 1959 in Heilbronn, Studium und Diplom der Fachrichtung Architektur, staatlich geprüfter Informations-Designer, selbstständig als Schriftkünstler und Schriftdesigner, lebt und arbeitet im schwäbischen Reutlingen. Er entwirft Schriften und Logos und gestaltet im Auftrag von Firmen, Verlagen und Werbeagenturen Schriftzüge für viele besondere Anlässe.

Ab 1985 besuchte Andreas Lux zahlreiche Weiterbildungen bei international renommierten Künstlern, die ebenfalls im Bereich Schriftkunst tätig sind. Seit etwa 25 Jahren leitet er Kurse und Seminare für Schriftgestaltung bei verschiedenen Bildungseinrichtungen, Firmen und Akademien in Süddeutschland und Österreich. Öffentliche Schreibvorführungen auf ausgewählten Kunstmärkten und Messen sowie Ausstellungen, Veröffentlichungen und Vorträge zu Kalligraphie und Schriftgeschichte ergänzen seinen Tätigkeitsbereich.

www.Andreas-Lux.de

Dieses Übungsheft bezieht sich auf das Buch:
„Neue Wege zur Kalligraphie" mit beiliegender DVD (TOPP 6056).

PRODUKTMANAGEMENT UND KONZEPTION: Hannelore Irmer-Romeo
LEKTORAT: Garbiele Betz
LAYOUT-ENTWICKLUNG UND GESTALTUNG: Katrin Röhlig
DRUCK UND BINDUNG: Tiskárna Grafico s.r.o., Tschechische Republik

Materialangaben und Arbeitshinweise in diesem Buch wurden von dem Autor und den Mitarbeitern des Verlags sorgfältig geprüft. Eine Garantie wird jedoch nicht übernommen. Autor und Verlag können für eventuell auftretende Fehler oder Schäden nicht haftbar gemacht werden. Das Werk und die darin gezeigten Modelle sind urheberrechtlich geschützt. Die Vervielfältigung und Verbreitung ist, außer für private, nicht kommerzielle Zwecke, untersagt und wird zivil- und strafrechtlich verfolgt. Dies gilt insbesondere für eine Verbreitung des Werkes durch Fotokopien, Film, Funk und Fernsehen, elektronische Medien und Internet sowie für eine gewerbliche Nutzung der gezeigten Modelle. Bei Verwendung im Unterricht und in Kursen ist auf dieses Buch hinzuweisen.

7. Auflage 2017
© 2011 frechverlag GmbH, Turbinenstraße 7, 70499 Stuttgart
ISBN 978-3-7724-6057-9
Best.-Nr. 6057